AF260377

LES VOIX AMIES

(PREMIÈRE SÉRIE.)

LES

ENNEMIS DU PEUPLE

OU

LES PÉRILS DE LA FRANCE

PAR

LUDOVIC HAMON

PARIS

B. MUSSET, LIBRAIRE-ÉDITEUR

30, rue Cassette, 30.

1872

LES

ENNEMIS DU PEUPLE

ou

LES PÉRILS DE LA FRANCE

VIENT DE PARAITRE

A la Librairie Générale de l'Ouest, à Rennes.

Les récentes Apparitions. — Les signes du temps. — L'apparition de la Sainte Vierge à Pontmain. — Les Croix mystérieuses d'Allemagne.

Une brochure compacte de 84 pages. Prix : 1 fr. Envoi *franco*.

Le Livre des Prophéties (sixième édition), ou recueil des Prophéties les plus curieuses connues jusqu'à ce jour, PASSÉ — PRÉSENT — FUTUR.

Un volume in-18 de 216 pages. Prix : 2 fr. Envoi *franco*.

Les Épîtres et Évangiles, traduction nouvelle par M. Poujoulat.

Un fort volume in-12. Prix : 2 fr. au lieu de 4 fr. Envoi *franco*.

LES VOIX AMIES

(PREMIÈRE SÉRIE.)

LES

ENNEMIS DU PEUPLE

OU

LES PÉRILS DE LA FRANCE

PAR

LUDOVIC HAMON

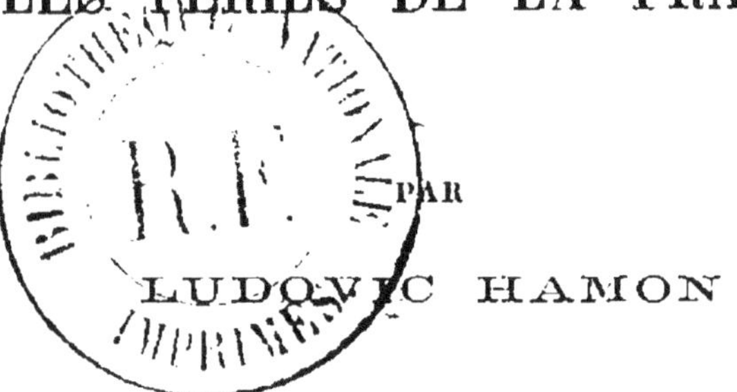

PARIS

B. MUSSET, LIBRAIRE-ÉDITEUR

30, rue Cassette, 30.

—

1872

AUX PAYSANS, AUX OUVRIERS.

Bonnes gens de la campagne, honnêtes ouvriers des villes, c'est pour vous principalement que ce petit livre a été écrit.

J'ai voulu vous signaler des périls certains, des dangers imminents; vous montrer du doigt vos ennemis les plus implacables, les plus acharnés; vous faire connaître les ravages qu'ils ont fait, qu'ils font encore tous les jours dans les âmes; découvrir les piéges qu'ils vous tendent, éclairer les abîmes qu'ils creusent sous vos pas.

C'est donc un cri d'alarme, le cri de cette senti-nelle perdue qui voit s'approcher l'ennemi; mais c'est aussi une prière, un acte de foi, une parole de consolation et d'amour, une espérance invincible en Dieu !

J'ai mis dans ces pages tout mon cœur, et j'ai cherché votre âme, ouverte, je le sais, aux bonnes pensées, aux affections profondes et aux nobles sentiments.

Écoutez ! Entendez-vous ces voix tumultueuses qui se sont déchaînées sur le monde ?

Quels cris, quelles injures, quels blasphèmes et quelles imprécations !

Elles passent en sifflant comme la tempête, en hurlant comme les bêtes fauves.

Elles soufflent le mensonge et l'erreur, troublent les consciences, entraînent les âmes timides et épouvantent les bons ! Partout elles sèment la discorde, la violence et la haine ; répandent les doctrines les plus méprisables et font appel aux instincts les plus grossiers et aux passions les plus abjectes !

Elles crient : Guerre à Dieu, à la société, à la famille! et poussent au crime, à l'assassinat, au pillage, à l'incendie!

Elles sortent des ténèbres et sont vomies par l'enfer!

Ah! quel mal elles font!

Ne les écoutez pas, je vous en conjure par ce que vous avez de plus cher au monde : ce sont les voix ennemies, ce sont les voix maudites!

Ne les écoutez pas!

Comme ces vents brûlants du désert qui dessèchent les fleurs et les font mourir, elles passent sur les âmes et les flétrissent!

Ah! combien sont différentes les voix amies, et que je voudrais pouvoir vous faire entendre leur doux concert.

Comme elles sont tendres, éloquentes et persuasives!

Comme elles savent bien faire aimer la vertu, adoucir les souffrances et rendre le devoir léger!

Dans le silence de la nuit, quand votre cœur sera calme et reposé, elles s'élèveront en foule autour de vous et vous parleront de Dieu, du devoir, de l'honneur, de la famille, de la patrie, et des austères vertus, et des nobles sacrifices.

Écoutez-les, écoutez-les, ce sont les voix amies!

Écoutez cet enfant qui prie à genoux dans son berceau. Ses petites mains sont jointes, et il dit de sa voix enfantine :

Notre père, qui êtes aux cieux...

C'est l'innocence priant pour les misères du monde.

C'est une voix amie!

Écoutez cette mère chrétienne agenouillée sur la pierre. Que son âme est loin de la terre! Elle supplie Dieu et la Vierge Marie de conduire par la main, à travers les écueils du monde, son fils, son cher fils. Quand il est parti, elle lui a bien recommandé, elle l'a prié avec des larmes de ne point oublier ses prières, de ne point négliger ses devoirs, de ne point abandonner Dieu.

Qu'il se souvienne de cette voix chère, de cette voix amie!

Et cet homme dont les cheveux ont blanchi, ce père de famille qui a derrière lui toute une vie d'honneur et de vertu remplie, le croyez-vous capable d'enseigner le mal et de vous détourner du droit chemin?

Écoutez-le, c'est une voix amie!

Écoutez le vieux prêtre qui vous parle, le dimanche, à l'église, et dont les mains tremblantes s'abaissent sur les petits enfants. Il vous dit : Faites le bien, pardonnez à ceux qui vous offensent; soyez humbles, soyez bons, simples et généreux! donnez aux pauvres, et vous donnerez à Dieu; travaillez, priez, aimez votre prochain comme vous-même!

C'est une voix amie!

Et c'est encore une voix amie celle-là qui murmure discrètement à l'oreille des mourants et ne s'élève que pour prier et bénir! Le pauvre malade écoute cette voix qui tombe des lèvres d'une Sœur de Charité comme une onde d'un pur cristal, et il meurt consolé.

Mais quelle est cette voix mystérieuse qui sort du fond du sanctuaire et fait tressaillir les vierges timides? Que sa douceur est pénétrante! De quelles joies elle inonde les âmes et quelle impression profonde elle laisse dans les cœurs aimants!

Ah! c'est la voix du bien-aimé, c'est la voix du consolateur des âmes, c'est la voix amie par excellence.

Je ne suis rien, mais je voudrais faire sentir ce que je sens, je voudrais faire aimer ce que j'aime!

Puisse ce petit livre avoir aussi une voix, et une

voix amie! Puisse-t-il faire naître une bonne pensée! puisse-t-il toucher un peu!

Quand la tempête a passé, et que l'orage se fait encore entendre dans le lointain, le petit oiseau caché dans les buissons chante et bénit Dieu d'avoir épargné et sa compagne et son doux nid. Je voudrais donner à ce livre quelque chose de ce chant d'oiseau.

———

LES ENNEMIS DU PEUPLE

I

Leurs doctrines.

L'heure présente est pleine de trouble et d'inquiétude, et rien ne nous garantit du lendemain. Beaucoup ignorent le péril, d'autres ne veulent pas le connaître, et d'autres, enfin, se laissent aller au découragement. N'imitons pas ces âmes imprudentes ou faibles, et comme le médecin qui pousse hardiment son scalpel dans les chairs vives, mettons à nu les plaies qui nous rongent.

Que le peuple apprenne enfin à connaître ses ennemis véritables, ceux qui ont juré sa perte, ceux qui l'entraînent à tous les écarts, à tous les avilissements, à toutes les hontes et à tous les malheurs.

1*

Ils sont nombreux; ils vous entourent, ouvriers et paysans; ils sont chez vous, oui, chez vous! Ils ont pénétré dans vos ateliers; ils ont gravi les marches qui conduisent à votre mansarde; ils se sont répandu dans les campagnes; ils ont atteint les villages les plus reculés et sont entrés dans la maison la plus pauvre, dans le logis le plus misérable!

Ils se sont fait docteurs et ont fabriqué à leur usage les plus détestables doctrines.

Ils se sont fait apôtres, et vont partout, propageant le mal, entraînant à leur suite les jeunes gens, excitant les hommes, soulevant les cœurs passionnés des femmes et jetant la révolte jusque dans les âmes virginales d'enfants!

Pour arriver à leur but, ils n'ont reculé devant aucun moyen et fait appel aux plus mauvaises passions.

Ils ont tourné en ridicule tout ce qui était bon, tout ce qui était saint, tout ce qui était sacré!

La rage de la destruction est en eux!

Ils ont fait litière de tous les principes!

Ils ont nié l'âme immortelle et en ont fait « un ferment nerveux, » comme si la matière peut raisonner et penser!

Ils ont déclaré la vie future « une plaisanterie, » un « rêve odieux. »

Les insensés !

Ils ont bafoué la morale !

Ils ont bouleversé toutes les notions du juste et de l'injuste, du bien et du mal !

Ils ont inventé cette belle maxime : *La force prime le droit.*

Ils ont nié Dieu lui-même !

Ils ont tué la patrie !

Ah! jamais la lutte entre le bien et le mal n'avait été aussi ardente, aussi implacable que de nos jours.

Voyez la progression du mal, progression effrayante !

Au XVIᵉ siècle, le protestantisme commence par attaquer l'Église. Le XVIIIᵉ siècle va plus loin et veut renverser le christianisme et tout l'ordre surnaturel, c'est-à-dire les fondements mêmes de notre foi.

« Écrasons l'infâme! » Tel avait été le cri de ralliement jeté par Voltaire, l'ennemi juré du Christ.

« Mentez, mentez, il en reste toujours quelque chose! » Voilà son grand conseil, la base de son enseignement, la moralité de sa doctrine.

Et une foule de beaux esprits, de matérialistes et d'écrivains corrompus, suivant de si nobles préceptes, se mettent à l'œuvre et composent ces livres infâmes dont le poison s'infiltre lentement mais sûrement, et dont la funeste influence se fait encore sentir de nos jours.

Ce n'est pas en vain que l'on jette dans les cœurs ces semences de mal et de corruption.

On récolte ce que l'on a semé.

Le XIXᵉ siècle est venu, et la rage du mal a encore augmenté.

De nos jours, on ne veut pas même discuter, on veut abattre. On ne veut rien changer, on veut détruire. Le XIXᵉ siècle attaque tout, l'ordre naturel comme l'ordre surnaturel, et enveloppe dans une haine commune religion, famille et société.

Les disciples ont dépassé le maître; le vieil Arouet doit être content de son œuvre, et Musset avait raison :

« Dors-tu content, Voltaire, et ton hideux sourire
« Voltige-t-il sur tes os décharnés?
« Ton siècle était, dit-on, trop jeune pour te lire;
« Le nôtre doit te plaire, et les hommes sont nés. »

Oui, les hommes de Voltaire, l'insulteur du Christ, sont nés.

Écoutez leurs doctrines.

L'un d'eux s'est écrié :

« Dieu n'est qu'une hypothèse, l'âme qu'un ferment « nerveux. Quand on est mort, tout est mort. »

Un autre a écrit au sujet de l'enseignement religieux :

« Les institutions religieuses font la nuit autour de « l'enfant ; elles le transforment en machine humaine ; « c'est un crédule, un ignorant, ce n'est pas un citoyen ; « ce n'est pas un homme, c'est un cadavre, *perinde ac* « *cadaver*. »

Et plus loin :

« La science religieuse mise en pratique conduit à « l'*annihilation*, au *fatalisme*, à la *quiétude*, c'est-à-dire « à l'immobilité morale ; elle contredit ainsi la loi pre-« mière de la nature humaine, l'activité. »

Et enfin :

« Mais surtout, point de catéchisme! partant point « d'enseignement religieux. » (1)

(1) Ces lignes ont été extraites du *Phare de la Loire*, un des journaux de la démocratie les plus répandus et les plus autorisés.

Ainsi, tous ceux qui ont reçu une éducation religieuse ne sont que des « machines humaines, des crédules, des ignorants ; ce ne sont pas des citoyens, ce ne sont pas des hommes, ce sont des cadavres !!! »

Garibaldi avait dit déjà :

« Il faut extirper le vampire sacerdotal. Il faut exter-
« miner les robes noires. Il faut briser la tête des prêtres
« sur le pavé des rues. »

C'était plus expéditif.

Dans le congrès de Liége, dont on se rappelle les scandales, des jeunes gens avaient déclaré la « guerre à
« Dieu, » et l'un d'eux s'était écrié : « La discussion est
« entre Dieu et l'homme ; il faut crever la voûte du ciel
« comme un plafond de papier. »

Dans une séance tenue à Bruxelles par des ouvriers, l'un d'eux concluait ainsi :

« S'il est besoin de la guillotine, nous ne reculerons
« pas.

« Si la propriété résiste à la Révolution, il faut, par
« les décrets du peuple, anéantir la propriété ; si la bour-
« geoisie résiste, il faut tuer la bourgeoisie.

« Citoyens, vous le savez aujourd'hui, les bourgeois
« sont des assassins et des voleurs...

« La Révolution, c'est le triomphe de l'homme sur
« Dieu.

« Ainsi, guerre à Dieu! haine à la bourgeoise! haine
« aux capitalistes!

« Et les femmes ne doivent pas rester en dehors du
« mouvement révolutionnaire. C'est Ève qui a jeté le
« premier cri de révolte contre Dieu !

« On a parlé de guillotine; nous ne voulons que ren-
« verser les obstacles. Si cent mille têtes font obstacle,
« qu'elles tombent; oui, nous n'avons d'amour que pour
« la *collectivité humaine!* »

Si nous rappelons ces paroles déjà citées, c'est qu'au
lendemain de la Commune elles ont une terrible actua-
lité, et nous indiquent tout un programme qu'on n'a pas
eu le temps d'exécuter.

Mais voici des déclarations encore plus récentes, voici
les paroles prononcées par un des membres de la Commune dans un meeting qui s'est tenu tout récemment à
Genève :

« Il y aura désormais deux grandes dates dans l'his-
« toire de l'affranchissement humain : 1789, le 18 mars
« 1871! 1789, la révolution opérée par la bourgeoisie;
« le 18 mars, la révolution sociale et populaire.

« Après la bourgeoisie, le peuple! Après le capital,
« le travail! Après le travail, la justice! Le 18 mars,
« fils de 1789, est son complément, sa sanction, sa mo-
« ralité.

« Le peuple n'avait fait que changer de maître. Il avait
« échappé à l'antique servage féodal, mais pour retomber
« sous un autre servage, le salariat. »

Plus loin, il ajoute :

« Non, rien ne peut plus sauver la bourgeoisie ac-
« tuelle. Elle a encore des chassepots, elle n'a pas
« d'hommes politiques. Elle est usée, pourrie jusqu'à la
« moëlle.

« Elle pouvait se régénérer, se retremper dans le
« grand fleuve populaire. Elle préfère mourir haïe et
« maudite loin du but. »

Un autre a dit :

« Nous poursuivons l'abolition du salaire et l'expro-
« priation générale des propriétaires. »

Proudhon ne s'était-il pas déjà écrié : « La propriété,
« c'est le vol! »

Ces opinions sont individuelles ; mais voici des opinions collectives.

En 1866, un groupe français envoyait au congrès de

Genève un Mémoire dont je veux extraire ces deux passages seulement.

On lit à propos de la propriété foncière :

« Pour réaliser l'émancipation des travailleurs, il faut « transformer les baux, loyers, fermages, en un mot tous « les contrats de location, en contrats de vente. Alors la « propriété, étant-continuellement en circulation, cessera « d'être absolue. »

Et plus loin :

« L'armée, la police, les écoles, les hôpitaux, hospices, « maisons de refuge et de correction, salles d'asile, « crèches et autres institutions charitables, la religion « elle-même, sont d'abord payés et entretenus par le pro- « létaire, ensuite dirigés contre lui; en sorte que le pro- « létariat travaille non-seulement pour la caste qui le « dévore (celle des capitalistes), mais encore pour celle « qui le flagelle et l'abrutit... »

En 1868, l'*Alliance de la démocratie-socialiste* publia un programme qui commence ainsi :

« 1° L'Alliance se déclare athée; elle veut l'abolition « des cultes et la substitution de la science à la foi et de « la justice humaine à la justice divine.

« 2° Elle veut, avant tout, l'égalisation politique, éco-

« nomique et sociale des choses et des individus des
« deux sexes, en commençant par l'abolition du droit de
« l'héritage, afin qu'à l'avenir la jouissance soit égale à
« la production de chacun, et que, conformément à la
« décision prise par le dernier congrès des ouvriers à
« Bruxelles, la terre, les instruments de travail, comme
« tout autre capital, devenant la propriété collective de
« la société tout entière, ne puissent être utilisés que par
« les travailleurs, c'est-à-dire par les associations agri-
« coles et industrielles. »

Le 5 septembre 1869, le congrès de Bâle vote à la
majorité de 64 voix contre 4 :

« 1° La collectivité du sol en particulier, et en général
« de toute la richesse sociale ;

« 2° La liquidation sociale, c'est-à-dire l'expropria-
« tion, en droit, de tous les propriétaires actuels par
« l'abolition de l'état politique et juridique. »

Le 2 mai 1871, le conseil fédéral des sections pari-
siennes ose écrire :

« L'Association internationale des travailleurs, con-
« spiration permanente de tous les opprimés et de
« tous les exploités, existera, malgré d'impuissantes
« persécutions, tant que n'auront pas disparu les

« exploiteurs, capitalistes, prêtres et aventuriers poli-
« tiques. »

Enfin, voici le programme de l'*Internationale*, de cette
redoutable Société qui recrute des adeptes dans toutes
les parties du monde :

« Pour arriver à l'émancipation politique, nous vou-
« lons :

« 1° Briser tout joug autoritaire, quel que soit son
« nom ;

« 2° Proclamer les droits de l'individu, droits natu-
« rels, imprescriptibles, inaliénables ;

« 3° Transformer l'État en une libre fédération égale-
« ment libre.

« Pour obtenir l'émancipation sociale, nous avons le
« projet de :

« 1° Abolir les nationalités ;

« 2° Abolir les divisions par classe ;

« 3° Abolir toutes les servitudes ;

« 4° Abolir tous les priviléges ;

« 5° Défendre à tout homme d'être le salarié d'un
« autre homme ;

« 6° Déclarer toutes les professions libres ;

« 7° Déclarer libre l'échange des produits ;

« 8° Déclarer libre la famille ;

« 9° Déclarer libre la résidence.

« Pour arriver à l'émancipation économique, nous
« pensons qu'il faut :

« 1° Mettre le capital au service du travail et de l'in-
« telligence ;

« 2° Faire que chacun perçoive le prix intégral de
« son travail ;

« 3° Abolir l'intérêt du capital ;

« 4° Abolir l'héritage ;

« 5° Déclarer la terre propriété collective, ainsi que
« les grands instruments de travail ;

« 6° Rendre gratuit le service de la poste, des télé-
« graphes et des chemins de fer.

« Pour obtenir l'émancipation religieuse, nous enten-
« dons :

« 1° Rendre libre la pensée ;

« 2° Rendre libre la parole ;

« 3° Rendre libres la presse, la tribune et tous les
« autres moyens de propager les idées ;

« 4° Déclarer la conscience libre et inviolable ;

« 5° Abolir tous les cultes. »

Ainsi, sous le règne glorieux de l'Internationale, les

peuples ne formeront qu'un seul et même peuple, et on se partagera la terre comme une propriété rurale. Chacun sera propriétaire et refusera dédaigneusement d'être « le salarié d'un autre homme; » et dans cet âge d'or le capital ne produira plus d'intérêts, le contentement de vivre sous un pareil régime devant amplement suffire à l'heureux possesseur de la terre entière, devenue « propriété collective. »

Enfin, comme couronnement de l'édifice, « tous les cultes seront abolis. »

En effet, à quoi bon une religion? L'*Internationale* est une bonne mère et peut suffire à tout.

Telles sont, en résumé, les idées religieuses, politiques et sociales des philosophes de nos jours, des adeptes de la Commune, des révolutionnaires du XIXe siècle.

Leur cri est : Guerre à Dieu, à la société, au capital!

Haine à la bourgeoise!

Et vive la république démocratique et sociale!

C'est-à-dire plus de religion, plus d'autorité, plus de lois, plus de justice et plus de gendarmes!

Voilà leur idéal!

II

Leurs moyens d'action.

Pour corrompre et dominer le peuple, ses ennemis se sont servi de quatre moyens principaux : le livre, le journal, les réunions publiques et les sociétés secrètes.

1° *Le Livre.*

Il est difficile de se faire une idée de la perversité des doctrines que le livre a répandu de nos jours, et du mal qu'il a causé. Sous des apparences inoffensives, c'est une arme redoutable qui atteint les replis les plus cachés du cœur. Un livre mauvais est comme un poison subtil qui s'infiltre goutte à goutte dans les âmes, les tue et les dévore.

Les ennemis du peuple le savent bien ; aussi, avec une infatigable ardeur, ont-ils entassé volumes sur volumes, et répandu partout les productions malsaines de leur esprit. Ils ont attiré le peuple par le bon marché et l'ont séduit par des lectures attrayantes, revêtues quelquefois de tous les charmes du style.

Sachant combien le peuple a l'imagination vive et le goût des aventures extraordinaires, ils ont multiplié sous toutes les formes le roman. Ils ont fait le roman à grand effet, le roman à surprises, le roman ténébreux, le roman à plusieurs compartiments avec détentes et ressorts compliqués, le tout assaisonné de grands coups d'épée, de positions scabreuses, de calembredaines et d'amours faciles. Ils ont passé une grande revue de toutes les passions, de toutes les bêtises, de toutes les misères, de toutes les turpitudes humaines; exhibé et promené dans les rues tous les truands et toutes les ribaudes de la *Cour des Miracles*, et mis à nu tous les bas-fonds de la société.

Et voilà ce qu'ils ont jeté en pâture au peuple.

Ce n'est pas tout. Ils ont renversé toutes les lois de la morale, car dans leurs livres le vice est toujours un triomphateur auquel rien ne peut résister, tandis que la vertu est, la plupart du temps, une chose basse, petite et ridicule.

Ils ont perverti le goût et faussé le jugement.

Enfin, ils ont corrompu les âmes ; car au lieu de faire du roman une œuvre régénératrice et morale, ils l'ont précipité des hauteurs sereines où il devrait toujours se tenir, pour le souiller des images les plus immondes et en faire un instrument de corruption.

Et pourtant voilà ce que le peuple lit, ce qu'il lira demain si on ne lui procure pas une nourriture plus saine. Car lire est un besoin pour lui ; il a besoin d'une heure de repos, et il aime ces fictions qui l'emportent sur les ailes de l'imagination dans le pays des rêves.

Les femmes surtout, dont l'âme est si impressionnable, dévorent avec je ne sais quelle inquiète ardeur ces récits imaginaires qui leur parlent de luxe, de plaisirs, de toilettes éblouissantes et de palais splendides. Elles aiment ces pays inconnus, ces régions féeriques et ces aventures merveilleuses, qui les jettent dans de vagues rêveries.

Combien de pauvres ouvrières se sont privées de pain pour acheter ces romans maudits !

Combien ont passé leurs nuits à les lire ! Et combien, après les avoir lus, ont été perdues !

Le jour, tremblottant à la fenêtre de la mansarde,

les surprenait assises dans leur lit, le front pâle et la tête penchée sur le livre ouvert.

Et il fallait se lever, dire adieu à ces visions d'un autre monde, quitter ces héros aux idées chevaleresques, que des chevaux fougueux emportaient dans la brume, qui se battaient comme des lions et savaient si bien parler d'amour.

Il fallait sortir de ces rêves enchantés et descendre de ces hauteurs pour tomber dans la plus triste réalité, se heurter contre les nécessités de la vie, reprendre un travail pénible, entendre la dure parole d'un maître, subir les humiliations de la pauvreté, travailler, lutter, souffrir, et soutenir, en un mot, le rude combat de la vie, où, si on ne veut pas succomber, il faut apporter un cœur cuirassé de fer et d'acier.

Quelle transition !

Aussi, après toutes ces lectures amollissantes et malsaines, l'ouvrière ne se sentait plus la même force et le même courage. Quelque chose de nouveau était en elle, et elle ne pouvait totalement oublier ce monde enchanté qui était passé devant ses yeux comme une éblouissante vision.

Son âme restait inquiète, et c'est en vain qu'elle voulait se remettre au travail avec la même ardeur.

Et puis, dans son cœur troublé, des voix ennemies s'élèvent en foule et lui disent : Mais tu est belle aussi, toi, tu es jeune... un sang chaud empourpre tes joues... tu n'est pas née pour cette humble condition... tu pourrais t'élever, devenir une grande dame.....

Bientôt la frivolité, le luxe et la coquetterie s'emparent d'elle et la poussent à tous les écarts et à toutes les chutes.

C'en est fait! elle est devenue cette chose inerte que ma plume se refuse à nommer, que les femmes insultent et que les hommes méprisent. Elle vend sa jeunesse et fait trafic de sa vertu!

Et elle va de chutes en chutes, traînant une existence misérable, laissant aux épines du chemin des lambeaux de son cœur, voyant les yeux se détourner d'elle avec horreur, sentant le remords la ronger, abaissée, avilie, méprisée et maudite!

Et puis bientôt, après une heure de folie, un éclair de jeunesse et de vie, la voilà revenue dans cette mansarde qu'elle n'aurait jamais dû quitter.

Comme elle est vieillie!

Le front dans sa main, elle cherche à rassembler ses idées, à chasser ce cauchemar affreux, à se souvenir.....

Les visions du passé reviennent lentement, une à une, comme des fantômes voilés. Elle se revoit enfant, priant aux genoux de sa mère, et sentant le soir, dans son berceau, les mains rudes de son père passer sur ses cheveux blonds. Elle se revoit jeune fille, cousant à la fenêtre, riant à gorge déployée, et jetant, aux heures du repas, des miettes de pain aux moineaux babillards.

Ah ! l'innocence et la joie habitaient alors en elle, et maintenant.....

A la porte, un fantôme frappe et entre. C'est la faim au visage livide.

L'infortunée se recule avec épouvante et cherche partout un refuge. Mais, hélas ! tout a fui, tout autour d'elle et en elle est mort, anéanti, brisé ! Le désespoir seul est là, soufflant à son oreille des mots terribles. Elle l'écoute, saisit un réchaud, allume le charbon, et bientôt ce n'est plus qu'un cadavre !

Brave ouvrier, pauvre père, voilà ce que le roman a fait de ta fille ! ce qu'il en a fait hier, ce qu'il en fera demain si tu n'y prends pas garde. Voilà ce que ce livre, qui te semblait inoffensif, a fait de ton enfant !

Heureux si avant ce jour fatal la mort a soufflé sur tes cheveux blanchis avant le temps ! Heureux si la terre recouvre ton cercueil, et si tu dors du sommeil éternel !

Et toi, romancier maudit, regarde ! voilà ton œuvre !

2º *Le Journal.*

Ce n'était pas assez du livre, les ennemis du peuple se sont aussi emparé du journal.

On se défie quelquefois d'un livre, mais on ne prend pas garde à cette feuille éphémère qui apporte les nouvelles du jour et les bruits lointains de la ville.

Et pourtant que d'erreurs, de mensonges et d'odieuses calomnies le journal emporte et propage sous ses plis légers ! Que de funestes enseignements il a donnés au peuple ! Que de nouvelles scandaleuses se sont étalées dans ses colonnes ! Que de consciences il a troublées et que de maux il a causés dans tous les rangs de la société !

Car on le lit partout, dans la maison du riche comme dans le logis du pauvre, dans les cafés, les cercles, les rues, les ateliers, en chemin de fer, sur les promenades publiques, partout. Partout il est recherché avec avidité, parcouru avec plaisir, discuté, approuvé, commenté.

C'est un besoin universel, et l'ouvrier le plus pauvre donne un sou pour avoir *son journal.*

C'est donc une puissance égale au moins à celle du livre.

Ah! si toutes ces feuilles éphémères, dont quelques-unes sont si répandues, au lieu de publier ces romans que nous avons déjà flétris, au lieu d'attaquer la religion, d'ébranler les croyances, de corrompre et de pervertir, voulaient au contraire moraliser le peuple et lui apprendre ses devoirs, quel bien immense pourrait en résulter!

Mais non! Voyez au lendemain des plus épouvantables désastres, quand l'étranger foule encore de son pied orgueilleux le sol sacré de la patrie, quand les ruines de Paris sont encore là fumantes et noircies par la poudre et le feu, pour attester les profondeurs du mal qui nous ronge et montrer à tous les yeux ce dont sont capables ceux dont nous signalons les doctrines, les journaux anti-religieux ont-ils abaissé pavillon, reconnu leurs erreurs, fait amende honorable et vu enfin le précipice qu'ils avaient eux-mêmes ouvert? — Non!

Ils sont plus violents, plus emportés et plus anti-religieux que jamais!

Et ces journaux mauvais pullulent, sont les plus lus, les plus goûtés, les plus répandus!

3° *Les réunions publiques.*

Ils sont descendus dans les clubs et les réunions publiques et ils ont harangué le peuple.

Ils lui ont parlé de ses souffrances, de ses besoins et de ses misères, non pour les adoucir et les soulager, mais pour les aigrir et les irriter. Ils ont enflammé son cœur avec des paroles ardentes et l'ont poussé à la révolte.

Ils pouvaient dire à l'ouvrier : Mon ami, que ta première pensée soit pour Dieu, l'auteur de toute chose. Remercie-le de t'avoir donné deux bras robustes et un cœur vaillant. Avec cela, tu peux aller loin. L'homme s'élève par le travail et se dégrade par le vice ; travaille et reste dans ton humble condition. Ne cherche point à t'élever trop haut, car l'ambition est mauvaise conseillère. Travaille, contente ton patron, sois habile, sois honnête, actif et laborieux. N'envie point le sort des riches, ils s'ennuient et sont souvent plus malheureux que toi. Ne rougis point de porter une blouse, un cœur noble peut battre déssous. Reste à ton travail et ne va point au cabaret perdre ton temps et ton argent. Et si tu as des chagrins, — hélas! tout le monde en a, — souffre avec patience et prie Dieu, qui te consolera. La vie est courte et le ciel est au bout.

Au lieu de ce simple langage, ils ont débité de grandes phrases et se sont écriés : Ouvrier, mon frère, tu est victime de deux oppressions, une oppression morale et une oppression matérielle.

Le prêtre retient ton âme captive par les liens de la religion, et le riche écrase ton corps sous le joug abrutissant du salariat.

Il faut briser ces chaînes!

L'enfer ne fait plus peur qu'aux enfants. La religion est morte, à quoi bon y croire. Elle enseigne que tu as une âme immortelle, mensonge! Quand on est mort, tout est mort, et le néant nous saisit!

Quant aux riches, quant au patron, nous travaillons depuis assez longtemps; à notre tour de jouir maintenant! A notre tour d'être riches! Ouvriers, mes frères, nous dirons au riche : partageons! Et s'il refuse, nous lui prendrons tout, ce sera plus simple, et nous brûlerons sa maison.

Quel spectacle attristant de voir des hommes doués quelquefois de qualités précieuses se servir de leur intelligence pour enseigner de si monstrueuses doctrines. Et n'allez pas croire que ces hommes sont hués, sifflés, conspués et forcés de descendre honteusement de la tribune; non! ils sont loués, admirés et couverts d'applaudissements frénétiques.

Nous les avons entendus, et cette conviction profonde est entrée en nous : c'est que les clubs et les réunions publiques sont l'école de la révolution, et de la pire des révolutions, celle qu'ils proclament eux-mêmes la *révolution démocratique et sociale.*

4° *Les sociétés secrètes*

Après avoir corrompu les ouvriers par les romans et le journal, et après les avoir enflammés par des paroles ardentes et provocatrices, les ennemis du peuple ont voulu les attacher par des liens étroits, les retenir par des serments redoutables, les rendre solidaires, les organiser et les unir, afin de pouvoir un jour mettre en branle cette masse compacte et la pousser à l'assaut de la société.

Pour parvenir à ce but, ils ont multiplié les sociétés

secrètes, dont le réseau s'étend actuellement, comme une immense toile d'araignée, sur le monde entier. Toutes les sociétés secrètes poursuivent le but abominable que nous avons déjà signalé, c'est à-dire la ruine de l'Église et de la société.

Cela est si vrai, que pour faire partie de ces sociétés il faut presque toujours fouler aux pieds la croix, abandonner toute croyance religieuse et renier sa foi. Quelques-unes de ces sociétés ont été jusqu'à faire jurer à leurs adeptes *de mourir en dehors de toute religion et en libre-penseur.*

Et afin d'empêcher les derniers retours, le dernier élan de l'âme vers Dieu, des *frères* (quelle profanation de ce mot!) sont chargés de *surveiller* le moribond, afin d'écarter de sa couche funèbre quiconque pourrait lui adresser une bonne parole et tourner ses yeux mourants vers la croix, cette suprême espérance.

Une fois le malheureux ouvrier attiré par de belles promesses de *secours,* d'*association,* de *bien-être matériel,* d'*émancipation politique et sociale,* il tombe dans le piége habilement tendu sous ses pas, et les mailles d'un réseau invisible le serrent et l'enveloppent de toutes parts. Ce n'est plus un homme, c'est une machine, un instrument vulgaire qui doit manœuvrer sous le sifflet du maître. Son individualité disparaît; il est enrégimenté, classé et numéroté. Il ne fait plus partie de la grande famille humaine, mais d'une section. Il n'a plus de volonté, plus d'initiative, plus de liberté. On le dirige et il se laisse diriger, car il a juré de suivre le mot d'ordre.

De la servitude, il tombe sous le despotisme; de la domination d'un maître sous la verge d'un tyran. Il est saisi par les dents de cette terrible machine qu'on nomme une société secrète, et il n'en sortira que broyé.

Pendant longtemps les sociétés secrètes ont cheminé dans l'ombre, faisant une guerre sourde à tout ce qui leur barrait le chemin et sapant sans bruit les assises mêmes de la société. Elles n'osaient pas se faire connaître, elles avaient peur de la grande lumière du jour. On se montrait du doigt leurs adeptes, et c'était une honte de faire partie de ces Églises bâtardes où officiaient des pontifes grotesques et ridicules.

Aujourd'hui, il n'en est plus ainsi, les sociétés secrètes ont déchiré tous les voiles et jeté le masque. Elles marchent la tête haute, le regard arrogant, et ne font plus mystère de leurs doctrines et de leurs sinistres projets.

Leurs membres sont connus, écrivent dans les journaux, publient des manifestes, décrètent et ful-
minent.

Nous avons publié le programme de l'*Internationale*,
dont le réseau s'étend, nous l'avons déjà dit, sur le
monde entier. Elle se recrute principalement parmi les
ouvriers, qu'elle enrégimente et discipline au moyen
d'une organisation des plus simples, mais en même
temps des plus redoutables.

L'*Internationale*, comme presque toutes les sociétés
secrètes, se compose de congrès annuels où sont prises
les résolutions ; d'un conseil général qui siège à Londres
sous la présidence du célèbre docteur Karl Marx ; de
sections et de comités répandus dans tous les pays qui
se fédèrent entre eux. Le congrès, c'est la tête ; le conseil, c'est le cœur qui donne l'impulsion ; les sections
sont les membres qui la reçoivent et la transmettent, et
les comités les instruments dociles.

C'est ainsi que le fameux comité de l'*Alliance républicaine* a été fondé à Lyon, et voici, d'après le *Journal
de Lyon* auquel nous empruntons ces détails, comment
il fonctionne :

« L'organisation est celle qui a servi, avec des va-

« riantes, à toutes les sociétés secrètes, et repose sur le
« sectionnement à plusieurs degrés.

« L'unité constitutive, tactique, est le *groupe*. Pour le
« former, il a fallu rediviser nos arrondissements en
« quartiers spéciaux. Les électeurs affiliés d'un même
« quartier forment un groupe. Celui-ci nomme un co-
« mité de vingt membres qui le dirige et se réunit
« toutes les semaines. Les comités de groupes, à leur
« tour, forment par délégation les comités d'*arrondisse-
« ment*, composés également de vingt membres et sié-
« geant une fois tous les quinze jours.

« Au-dessus de ceux-ci plane le *Comité central de
« l'Alliance républicaine*, composé comme suit :

« 1° Six membres nommés au suffrage universel par les
« arrondissements, c'est le noyau; le *comité de perma-
« nence*, qui tient fréquemment des séances particulières,
« et en même temps le bureau du comité complet : deux
« de ces six membres sont présidents, deux secrétaires
« et deux trésoriers;

« 2° Douze délégués envoyés par les comités d'arron-
« dissement;

« 3° Enfin, à chaque séance assistent quatre membres
« campagnards. L'association s'étend, en effet, sur le

« reste du département, qui est divisé en districts ru-
« raux; mais pour ceux-ci le mode de représentation au
« comité central est autre que pour les sections urbaines;
« à chaque séance, deux districts, à tour de rôle, en-
« voient deux délégués. Total des membres : vingt-
« deux.

« On a pu remarquer le soin qu'on a mis dans les
« degrés inférieurs à ne pas dépasser le nombre de vingt
« pour ne pas tomber sous le coup de la loi concernant
« les réunions publiques.

« Pourtant le comité central au complet serait de
« vingt-deux membres! Mais le cas a été prévu : d'abord
« on compte que généralement un ou deux délégués
« manqueront, et puis, si on se trouvait plus de vingt,
« un ou deux membres urbains, désignés par une sorte
« de roulement, seront invités à se retirer.

« Le nombre des citoyens faisant partie de l'associa-
« tion et composant les groupes de quartiers s'élèverait,
« dit-on, à deux mille.

« Ces deux mille individus s'appellent le peuple et
« parlent en son nom. Il est vrai que, grâce à la mou-
« tonnerie des autres, ils lui font faire ce qu'ils veulent.
« C'est là le suffrage universel qui fonctionne dans notre

« ville, l'État dans l'État qui s'y est organisé et qui lui
« imprime tous ses mouvements.

« On peut se demander, quand il n'y a pas d'élections
« partielles, pas de manifestes ronflants à rédiger, à quoi
« s'occupent tous ces comités divers qui se réunissent si
« régulièrement. Ils s'occupent en ce moment de nommer
« les députés de la future Assemblée Constituante... »

Ainsi, les radicaux de Lyon, et ceux des autres villes
sans doute, puisque tous reçoivent le mot d'ordre de
l'*Internationale*, s'occupent déjà des élections pro-
chaines et les préparent de longue main.

Avis aux gens d'ordre! L'*Internationale* est une puissance, et il faut compter avec elle. Elle a ses journaux,
ses nombreux adeptes, ses partisans et ses défenseurs
jusque dans le Corps-Législatif.

C'est elle qui a fomenté et fait éclater ces grèves qui
ont jeté dans l'industrie et le travail national une per-
turbation si profonde. Ces soulèvements lui servaient
à essayer ses forces, et c'était un moyen habile d'entre-
tenir l'antagonisme et d'aiguiser la haine de l'ouvrier
contre le patron.

Et bientôt, en effet, elle déclare ouvertement la guerre
à la propriété et au capital, et proclame hautement « les

droits imprescriptibles des travailleurs, » le besoin « de réorganiser le travail, » la nécessité « de l'égalité sociale, de la liquidation sociale, » et, enfin, elle décrète « l'expropriation de tous les propriétaires actuels. »

Tous les honnêtes gens ont flétri de si monstrueuses doctrines. Le gouvernement lui-même s'est ému, et voici ce que M. Jules Favre, alors ministre des affaires étrangères, écrivait à nos agents diplomatiques, au lendemain des jours néfastes de la Commune :

« L'Internationale est une société de guerre et de « haine; elle a pour base l'athéisme et le communisme, « pour but la destruction du capital et l'anéantissement « de ceux qui possèdent, pour moyen la force brutale du « grand nombre, qui écrasera tout ce qui essaiera de « résister... L'Europe est en face d'une œuvre de des- « truction systématique, dirigée contre chacune des na- « tions qui la composent, et contre les principes mêmes « sur lesquels reposent toutes les civilisations. C'est là « une situation grave; elle ne permet pas au gouverne- « ment l'indifférence et l'inertie; il serait coupable, « après les enseignements qui viennent de se produire, « d'assister impassible à la ruine de toutes les règles qui « maintiennent la moralité et la prospérité des peuples. »

Après avoir cité ce passage de la circulaire de M. Jules Favre, M. Depeyre, un de nos députés les plus honnêtes et les plus courageux, s'est écrié du haut de la tribune :

« Je n'ai pas besoin, messieurs, de vous signaler quelle
« influence désastreuse peuvent exercer sur nos popula-
« tions ouvrières des enseignements qui se traduisent,
« non-seulement par des discussions doctrinales, mais
« par des affiliations constantes, c'est-à-dire par l'orga-
« nisation de ce que le conseil fédéral de l'Internationale
« elle-même a appelé une conspiration permanente.

« Mais il ne suffit pas, paraît-il, à l'Association Inter-
« nationale des travailleurs de se propager au sein de
« nos grandes cités industrielles, elle a d'autres visées,
« et, dans une séance qui remonte à quelques mois à
« peine, la conférence des délégués de l'Internationale
« des travailleurs siégeant à Londres prenait la résolution
« suivante :

« La conférence invite le conseil général et les conseils
« ou comités fédéraux à préparer, pour le prochain con-
« grès, des rapports sur les moyens d'assurer l'adhésion
« des producteurs agricoles au mouvement du proléta-
« riat industriel.

« En attendant, les conseils ou comités fédéraux des
« divers pays sont invités à envoyer des délégués dans
« les campagnes pour y organiser des réunions publiques,
« faire de la propagande pour l'Internationale et fonder
« des sections agricoles »

Les ouvriers des villes sont assez dociles et assez
avancés, et l'Internationale va maintenant s'attaquer
aux populations agricoles, à nos rudes et laborieux
paysans.

Or, attaquer les campagnes, c'est attaquer le cœur
même de la France.

L'Assemblée nationale l'a compris; aussi une loi contre
l'Internationale a-t-elle été votée à une grande majorité
dans la séance du 14 mars 1872, et voici en quels termes
le rapporteur, M. Martial Delpit, *conjurait* ses collègues
de voter cette loi : (1)

« Toutes les questions relatives à la forme du gouver-
« nement s'effacent devant celle de l'Internationale; elle
« prime toutes les autres; il s'agit, en effet, du salut de
« la société française... (Très-bien ! très-bien!) il s'agit

(1) Ce passage est littéralement extrait du *Journal Officiel* du
8 mars 1872.

« de défendre les grands principes sociaux ; il s'agit de
« protéger ce qui fait la sécurité de tous les citoyens,
« l'avenir de la patrie, ce qui fait sa force, la famille, la
« propriété, la religion, ce à quoi nous tenons tous. (Vifs
« applaudissements à droite.) Il s'agit de déclarer que tout
« cela est sacré, hors des attaques matérielles, hors des
« attaques destructives d'un complot organisé et perma-
« nent. C'est là ce qu'il s'agit d'affirmer : il n'entre dans
« les intentions de personne d'interdire la liberté d'étude
« et le droit de libre examen ; non, rien de tout cela
« n'est en question ; il s'agit de sauvegarder dans l'ap-
« plication, dans la pratique, les vrais principes sociaux.
« A ce titre, vous êtes tous intéressés, et vous devez
« tous voter unanimement le projet de loi ; je vous con-
« jure de le faire, et c'est pour vous en conjurer que
« je suis monté à cette tribune. (Vives marques d'ap-
« probation sur un grand nombre de bancs et applaudis-
« sements à droite.) »

L'art. 1er de cette loi porte :

« Art. 1er. — Toute Association Internationale qui,
« sous quelque dénomination que ce soit, et notamment
« sous celle d'Association Internationale des travailleurs,
« aura pour but de provoquer à la suspension du travail,

« à l'abolition du droit de propriété, de la famille, de la
« patrie ou des cultes reconnus par l'Etat, constituera,
« par le seul fait de son existence et de ses ramifica-
« tions sur le territoire français, un attentat contre la
« paix publique. »

Mais nous doutons de l'efficacité de cette loi. Le mal
est plus profond, et c'est en vain qu'on essaierait de le
guérir avec l'amende et la prison. Il a gagné l'âme même
du peuple, et c'est cette âme qu'il faut instruire, moraliser et guérir des plus dangereuses utopies. Et, pour
cette tâche, les forces humaines sont impuissantes; il
faut aussi le secours de Dieu et de la religion, de la religion qui épure les mœurs, adoucit les caractères, éclaire
d'une douce clarté les sombres profondeurs de l'avenir,
et jette dans le cœur le plus pauvre les plus riches espérances.

Pourquoi les campagnes sont-elles meilleures? pourquoi ont-elles, jusqu'à présent, résisté plus facilement
à l'abominable propagande de l'Internationale? Ah! c'est
qu'elles ont gardé quelque chose de cette vieille foi de
nos pères, de cette foi robuste qui transporte les mon-
tagnes. Elles savent encore prier, et le dimanche on voit
encore dans les églises des hommes à genoux sur la

pierre, de pauvres femmes récitant dévotement leur chapelet, et des jeunes filles prosternées devant l'autel de la Vierge Marie.

Mais, là aussi, malgré cette foi plus apparente que profonde, le mal a fait des progrès effrayants et qui font trembler pour l'avenir.

IV

Leur influence.

Elle a été déplorable et désastreuse. Ils ont corrompu et abaissé le peuple, et lui ont enlevé sa foi, sa force et son courage, le goût du travail, l'amour de la famille, le culte de la patrie, la dignité et l'honneur. Ils l'ont enfin conduit à la mort et perdu sans retour.

Nous allons le prouver.

1° *Ils ont corrompu et abaissé le peuple.*

Il suffit, hélas! pour s'en convaincre, d'ouvrir les yeux et de voir ce qui se passe autour de nous. Jamais le vice n'a osé se montrer avec une telle impudence! Jamais les mœurs n'ont été aussi corrompues! Jamais le luxe n'a fait autant de victimes dans toutes les classes de la société! Jamais l'indifférence religieuse n'a été aussi générale. Jamais la haine contre la religion n'a été aussi violente, aussi profonde! Jamais les passions n'ont été si ardentes, le matérialisme aussi répandu et les appétits grossiers aussi âpres à se satisfaire! Jamais les mauvais exemples n'ont été aussi nombreux! Jamais la bonne foi n'a été aussi rare et le mensonge aussi répandu! Jamais le culte de la patrie n'a été aussi affaibli dans les cœurs! Jamais la France n'a été aussi battue, aussi mutilée, aussi abaissée! Jamais enfin la vertu n'a été plus rare et le mal plus triomphant. (1)

(1) La note suivante, que nous empruntons à la *Décentralisation*, de Lyon, nous donne une idée de l'immoralité des villes :

« Toujours distraite et superficielle, la presse n'a guère pris garde aux graves renseignements statistiques donnés, il y a peu de jours, sur le mouvement de la population lyonnaise par notre éminent collaborateur M. le docteur Brochard. Résumons-les en quelques lignes.

« Du mouvement des décès et des naissances pendant les six années de 1805 à 1870 inclusivement, il résulte :

« 1° Qu'il y a, à Lyon, un bâtard sur trois naissances; c'est la même proportion qu'à Paris;

« 2° Que les naissances vont en diminuant et les décès en augmentant ;

3° Que pendant ces six années, le chiffre des décès surpasse de 12,000 celui des naissances.

« Il y a, dans ces faits, matière à de profondes réflexions. C'est un sujet beaucoup plus important que les querelles et les personnalités qui occupent encore tels et tels journaux *conservateurs* de Paris.

2⁰ *Ils lui ont enlevé sa foi.*

En effet, le peuple ne croit plus; et comment pourrait-il croire?

Ils ont arraché l'âme des hauteurs où la religion l'avait élevée et l'ont précipitée dans la fange et la boue. Elle, immortelle, ils en ont fait un *ferment nerveux*, doué de je ne sais quel organisme et ne pouvant que devenir l'esclave des sens et des passions les plus abjectes!

Pauvre exilée! ah! que te voilà loin de ton ciel et de ses splendeurs perdues, car tu mourras avec ce corps auquel la fatalité t'a enchaînée; tu n'auras pas la force de te séparer de cette argile, de t'envoler vers un monde meilleur! Rayon vacillant, tu t'éteindras comme une lampe qui n'a plus d'huile, avec le dernier souffle de la vie, et tu tomberas avec le corps dans la pourriture du tombeau!

Quelle épouvantable croyance!

Et ce Dieu créateur de la terre et des cieux, ce maître souverain des hommes qui incline à son gré le cœur des rois, cet œil profond qui sonde les cœurs et les reins, cette majesté terrible qui viendra sur des nuées juger

les vivants et les morts, cette voix qui appelle doucement à elle, cet ami des pauvres et des petits enfants,
ce secours des chrétiens, ce grand consolateur des affligés, ce bon pasteur qui court après ses brebis malades,
les prend dans ses bras et les ramène au bercail, ce bon
maître, ce maître clément et doux que nous invoquons
dans nos prières, et que notre mère nous a appris à adorer à genoux, n'*existerait pas!* serait une *hypothèse* ou
un *être malfaisant!...*

Et c'est en vain que le fils de Dieu serait descendu sur
la terre pour racheter les hommes! C'est en vain qu'il
aurait guéri les malades, consolé les affligés et levé
la pierre des sépulcres! C'est en vain qu'il aurait été dépouillé, insulté, frappé, flagellé! C'est en vain qu'il aurait
été couronné d'épines! C'est en vain qu'il serait monté
au Golgotha chargé de sa croix! C'est en vain qu'il aurait
été crucifié! et que son sang coulant de ses pieds, de ses
mains et sa poitrine ouverte, aurait inondé la terre!...

Marthe, Marthe, où es-tu? Où donc es-tu, douce
Marie, toi qui de tes cheveux as essuyé les pieds du
Sauveur? Et toi aussi, Madeleine, pécheresse repentie,
où es-tu? Où es-tu, Pilate, toi qui t'es lavé les mains du
sang du juste? Soldats et bourreaux qui l'avez crucifié;

estropiés, malades et paralytiques qu'il a guéris, petits enfants que ses mains ont bénis, disciples bien-aimés du maître, où donc êtes-vous? Et vous, anges du ciel, venez attester sa puissance. Légions innombrables des martyrs, levez-vous! Et toi aussi, vieux Lazare, ne sortiras-tu pas une seconde fois de ton tombeau pour proclamer celui qui t'a ressuscité?

Eh quoi, ils ont nié Dieu lui-même, et ont voulu le chasser du cœur du peuple!

Est-ce possible?

Et l'Église, qu'ont-ils fait de l'Église? Elle méritait toute leur haine. Ne pouvant la renverser, ils en ont fait une chose vieille et usée, bonne tout au plus à amuser les femmes et les enfants.

Ils l'ont dépouillée de ses ornements, de la parure de ses autels, de ses chasubles d'or et de ses fleurs printanières; ils ont jeté bas ses vieux saints qui dormaient dans leurs niches de pierre, ébranlé les fondements de la vieille tour et renversé la lampe du sanctuaire!

Ils ont enlevé à la vieille église ses vitraux resplendissants aux feux du soleil, le joyeux carillon de ses cloches appelant les fidèles à la prière, ses rosaces immenses, ses porches découpés à jour comme de fines arabesques, et son silence majestueux, ses chants, ses cantiques, ses orgues puissantes, ses longues processions se déroulant autour des piliers gothiques, et le vieux prêtre bénissant les petits enfants de ses mains tremblantes et les vierges prosternées !

Et ils ont enfin oublié ses dix-huit siècles de gloire, ses œuvres bienfaisantes, sa mission divine, le bien qu'elle répand autour d'elle, les âmes qu'elle ramène à Dieu, ses luttes, ses triomphes, et les saints qui la protègent dans le ciel et le sang de ses martyrs !

Et si l'Église veut prendre sa part de la vie publique, enseigner et instruire, ce qui est non-seulement son droit, mais son devoir, ils s'écrient : Mais vous êtes une ambitieuse ; vous violentez les consciences ; vous abrutissez le peuple ; vous n'êtes plus de votre temps ; il faut rester à la sacristie et n'en plus sortir.

Nous nous chargeons, nous, d'instruire, d'enseigner et de moraliser le peuple.

Moraliser le peuple ! en lui enlevant sa foi, oui ; en corrompant ses mœurs, oui ; en excitant ses passions, oui ; en le poussant à tous les vices, oui. Voilà comment vous pouvez *moraliser* le peuple !

Vous voulez le faire vivre sans religion et mourir sans croyance et sans foi !

Après avoir inventé le *mariage civil*, cette union bâtarde que la loi sanctionne, mais que Dieu ne saurait bénir puisqu'elle se contracte en dehors de lui, vous avez inventé l'*enterrement civil*.

La mort même ne vous arrête pas ! Après avoir fait la nuit dans cet homme qui va mourir, après avoir écarté de sa couche funèbre celui qui aurait encore pu le sauver, après avoir éteint en lui la dernière lueur d'espérance, vous vous emparez de son cadavre et vous le portez triomphalement au cimetière ; nul prêtre ne l'accompagne ; les prières des morts, ce cri de foi, cette plainte sublime de l'humanité souffrante, ne se font point entendre ; la croix ne précède point son pauvre cercueil, comme pour lui montrer le chemin du ciel, et ne se dressera point sur la terre humide. Un sergent de ville remplace tout cela. La fosse est là béante, qui réclame sa proie. On la lui jette, on prononce quelques mots, et tout est fini...

Et cette chose lamentable arrive de nos jours, est prônée et glorifiée !

Mais on pense peut-être que des hommes ignorants et

égarés peuvent seuls refuser, au moment de la mort, tout secours religieux. Il n'en est pas ainsi. Et pour ne citer qu'un exemple, voici un passage du testament de l'éminent auteur des *Causeries du Lundi*, de Sainte-Beuve, sénateur sous l'Empire et ami intime du prince Napoléon. Ce passage est relatif à ses funérailles :

« Je veux qu'à mon décès il ne soit fait aucune solen-
« nité.

« Je demande aux Corps et aux Compagnies dont j'ai
« l'honneur d'être membre de ne se faire représenter
« à mon enterrement par aucune députation, heureux
« et reconnaissant si des collègues et des confrères veu-
« lent bien, individuellement, accompagner mes restes.

« Je ne veux point qu'il y ait de convocation par
« lettres à mon décès : une simple annonce du jour et
« de l'heure dans les journaux suffira.

« Je veux que cette heure soit la plus matinale pos-
« sible (neuf heures du matin, par exemple, ou dix
« heures au plus tard).

« Je demande à être porté *directement* de mon domi-
« cile au cimetière Montparnasse, dans le caveau où est
« ma mère, sans passer par l'église, ce que je ne pour-
« rais faire sans violer la sincérité de mes sentiments.

« Arrivé à la fosse, je ne veux aucun discours ni éloge
« prononcé sur la tombe. »

Nous venons de lire dans un journal le passage suivant, qui nous indique l'état actuel des esprits dans le
Midi de la France :

« Un de mes amis rapporte de son voyage dans le Midi
« d'assez fâcheuses nouvelles. Le pays se démoralise de
« plus en plus. Du côté de Narbonne, les démocrates
« s'efforcent par tous les moyens d'arracher la foi reli-
« gieuse du cœur des populations. On a commencé par
« mettre à la mode les funérailles sans prêtres. Pour
« chacun de ces enterrements, la démagogie prend la
« peine de convoquer les radicaux des localités voisines,
« en sorte que chaque funéraille est accompagnée de 3 à
« 4,000 personnes. Les femmes y vont processionnelle-
« ment avec des bouquets d'immortelles. Un maître des
« cérémonies préside à la fête, qui revêt une telle im-
« portance que les parents du mort commencent à être
« plus flattés de cette pompe populaire que de la pré-
« sence du clergé.

« Ce premier succès a enhardi les initiateurs de cette
« idée infernale. Maintenant ils cherchent à entourer les
« célébrations de mariages, les présentations de nou-

« veau-nés, d'un cérémonial semblable, en y mettant la
« condition qu'on renoncera au concours du clergé. Les
« ennemis de la religion et de l'ordre social veulent ha-
« bituer peu à peu le peuple à l'idée que le prêtre est
« une superfétation dispendieuse.

« Dans d'autres localités, on s'efforce d'habituer le
« peuple à l'idée du massacre des riches. Dans une com-
« mune, pour célébrer je ne sais quel anniversaire, on
« a promené dans la ville deux charrettes. La première
« portait une espèce de cage en forme de cachot conte-
« nant de la paille et des chaînes; sur la seconde char-
« rette était installée une *véritable guillotine*, fabriquée
« tout exprès pour la circonstance. Les autorités ont eu
« la plus grande peine à faire disparaître cette étrange
« cavalcade.

« Si l'Assemblée ne se décide pas à constituer un gou-
« vernement qui fasse sentir à ces populations démora-
« lisées une main énergique, nous marchons à une ef-
« froyable jacquerie. »

Le mal causé par les ennemis du peuple est donc profond et plus général qu'on ne pense.

L'homme, entre leurs mains, est devenu un être er-
rant, en proie à tous les doutes, jouet de tous les ha-

sards, esclave de toutes les passions, victime de toutes les infirmités. Il marche dans la nuit, sans soutien, sans guide, sans appui, sans une étoile au ciel, sans horizon devant lui, sans but, sans consolation, sans force, sans espérance! Des pierres meurtrissent ses pieds, des épines le déchirent, la soif le tourmente, la faim le dévore; il coudoie des abîmes et frissonne à la vue des précipices ouverts; des orages sont en lui et autour de lui; il est faible, affligé, malheureux, misérable; et il tend les mains, mais personne ne lui vient en aide; et il crie dans le désert, mais pas une voix ne répond à sa voix!

Ah! combien plus heureux est celui qui a gardé la foi, ce divin flambeau qui éclaire sa route. Le croyant, lui, ne marche pas à l'aventure : il sait quel est le but, d'où il vient, où il va.

Son corps est faible et périssable; il le sait, mais il sait aussi que son âme est immortelle; il le sent, il le croit, il en est convaincu. Quelque chose de l'infini est en elle, et elle a gardé le souvenir des félicités éternelles. Si elle souffre, c'est qu'elle se souvient, qu'elle regrette la patrie absente, qu'elle pleure le paradis perdu!

La route est longue et difficile; il le sait encore, mais

ne s'en inquiète point outre mesure, car plus rudes seront les épreuves, et plus belle sera la récompense.

Et puis, celui qui croit n'est pas seul, isolé, dans un désert affreux; il ne marche pas dans la nuit profonde; une étoile bénie accompagne ses pas, comme autrefois elle accompagnait les Mages. Des compagnons de route marchent à ses côtés, le soutiennent et l'encouragent Il est encore fortifié et protégé par cette union admirable des âmes, par ces prières qui s'élèvent sans cesse vers la Divinité de tous les points de la terre. Il a sa part dans les bénédictions du ciel; il assiste au banquet commun; il boit à la source de vie. Dieu ne saurait l'abandonner.

S'il est pauvre, il ne sera point tenté de s'insurger, de prendre un fusil et de courir aux barricades; mais il se souviendra de cette divine parole : *Bienheureux sont les pauvres*, et il se contentera de demander à Dieu le *pain quotidien*.

S'il est malheureux, il va s'agenouiller sur la pierre; il tend ses mains vers Dieu et lui dit :

Me voici, Seigneur, je viens à vous pour être consolé. Je frappe à votre porte, ouvrez-moi... tendez-moi vos mains bénies ..

Et Dieu l'entend, et il vient à lui, et lui parle tout bas comme l'époux à l'oreille de la bien-aimée.

Et que dire quand ce Dieu lui-même voudra bien descendre jusqu'à lui et reposer sur son cœur même! Oh! alors, le Ciel habitera en lui, et il goûtera ces joies ineffables et profondes que la parole humaine ne saurait raconter.

La vie lui apparaît désormais ce qu'elle est en réalité, une épreuve qu'il faut supporter avec patience, un jour rapide qu'il faut employer au bien, un combat dont il faut sortir victorieux.

Et quand viendra la mort, l'Église le soutiendra dans cette dernière épreuve, lui prodiguera ses consolations et ses prières, écartera le sombre fantôme et lui montrera le ciel ouvert. Et après les adieux déchirants de la famille, après les embrassements suprêmes, ses mains défaillantes chercheront le crucifix, ses yeux voilés contempleront une dernière fois le Sauveur du monde, et ses lèvres se poseront doucement sur les pieds du Christ pour ne plus s'ouvrir...

Et les ennemis de l'Église qu'ont-ils mis à la place de cette mort chrétienne, de cette force, de cette consolation et de ces divines espérances? Ils ont abattu; mais qu'ont-ils élevé? Ils ont détruit; mais qu'ont-ils édifié? Quelle foi, quelle religion nouvelle, quel ciel plus splendide que le nôtre ont-ils pu trouver? Où sont leurs Livres Saints, quel est leur Évangile? Quel Dieu s'est tout à coup révélé parmi eux? Où sont leurs temples, où sont leurs martyrs?

Hélas! ils répondent à tout cela par un mot : le néant!...

2° *Le goût du travail.*

La corruption morale engendre tous les maux. L'homme sans foi, se trouvant sans appui, perd bientôt sa force et son courage. Il méconnaît tous les devoirs et devient la proie du vice. Ne lui parlez pas des austères vertus, le plaisir l'entraîne et la mollesse le domine. Il ne veut plus, il ne peut plus travailler.

Travailler, et pourquoi? Ne lui a-t-on pas répété cent fois qu'il était exploité, pressuré, courbé sous le joug du prolétariat, et qu'il devait secouer ce joug et briser ses chaînes en refusant de travailler? Ne lui a-t-on pas dit que les bourgeois, que les riches possédaient depuis assez longtemps, et que c'était enfin à son tour de goûter les douceurs de la fortune ?

Ne lui a-t-on pas dit que le capital serait bientôt saisi et la propriété partagée en portions égales?

Il attend la réalisation de ces belles promesses et ne veut plus travailler.

Il passe son temps dans les clubs ou au cabaret à discuter, à ergoter, à débattre les questions sociales, à lire les journaux ou à écouter des discours stériles.

Non-seulement il ne veut plus travailler, mais il perd bientôt l'habitude même du travail et ne peut plus travailler.

Mais comme chacun tient à garder et à bien garder ce qu'il a péniblement amassé, comme le capital et la propriété refusent obstinément de se laisser partager, ses ressources s'épuisent bientôt, et il tombe dans la misère.

Toi, brave ouvrier qui lit ces lignes, ne suit pas ces mauvais exemples, n'écoute pas ces conseils perfides et ces voix ennemies qui veulent te pousser à ta perte. Garde ta foi, prie Dieu et travaille avec persévérance et courage. Le travail est le ressort de l'âme, et il nous préserve de bien des chutes. Travaille, car c'est la loi divine : *Tu gagneras ton pain à la sueur de ton front.*

Travaille le jour et travaille encore la nuit, s'il le faut. Travaille, et l'aisance viendra habiter chez toi. Travaille, et tu verras grandir tes enfants comme de jeunes rameaux qui prennent leur vie dans le tronc du chêne.

Travaille, et quand la sueur ruissellera sur ton front, pense à tes enfants, et dit : C'est pour eux, c'est pour les bien-aimés! Travaille, et tu auras l'âme tranquille et le cœur léger. Travaille, et tu seras heureux. Travaille, et tu seras récompensé !

Et quelle joie pour toi quand viendra le dimanche, et que tu pourras enfin te reposer! car le dimanche, — rappelle-toi, — c'est un jour de repos, c'est un jour béni. Tu iras, avec toute ta famille, t'agenouiller dans l'église, invoquer ce Dieu des humbles et des petits, le remercier de te donner le pain de chaque jour, et le prier de te soutenir dans tes rudes travaux et de te bénir ainsi que toute ta famille.

Après avoir accompli ce grand devoir, va avec tes enfants dans les champs et dans les bois, emmène tes filles loin, bien loin de la ville, dans quelques clairières ouvertes, dans quelques vallons bien abrités, et dis aux petits : Allez, courez, enfants, c'est fête aujourd'hui. Roulez-vous sur l'herbe, escaladez les rochers, mordez à belles dents dans la mousse, cueillez toutes les fleurs, arrêtez-vous devant chaque buisson, battez des mains, riez, chantez, poussez des cris de joie, le père veut qu'on s'amuse; amusez-vous bien, chéris!

Et quand tu rentreras, le soir, avec ta famille, l'âme contente et le cœur rempli, des ombres mystérieuses s'étendront sur les grands bois, des étoiles s'allumeront une à une dans le ciel, et un silence profond calmera tous les vains bruits du monde, mais ce calme et cette paix seront aussi dans ton cœur, et le bonheur frappera avec toi à ta porte.

En rentrant, un homme ivre te heurtera peut-être, un habitué du club ou un membre des sociétés secrètes passera peut-être à tes côtés, inquiet et l'œil farouche.

Plains-les et prie pour eux.

Ce sont des malheureux!

3° *L'amour de la famille.*

La famille! que d'idées tour-à-tour douces et graves, tristes et joyeuses, ce seul mot éveille en nous! Quel cortége d'images vivantes il fait passer devant nos yeux! Que de visions se lèvent! Le temps suspend son cours, les années passées reviennent et les souvenirs aimés se lèvent en foule!

On revoit le feu pétillant dans l'âtre, la mère inclinée et cousant, le père lisant gravement son journal, les enfants jouant dans un coin et les blonds chérubins endormis dans les berceaux. On revoit la maison paternelle, le jardin où l'on a joué enfant, et cette tant vieille charmille où l'on allait lire et rêver, et ce balcon de fer où, pour la première fois, on a laissé tomber son front et pleuré sa première illusion détruite, son premier rêve envolé!

Eh bien! la famille se meurt, la famille s'en va! On redoute les charges du ménage, on préfère vivre à l'aventure, on ne veut plus d'enfants, on ne veut plus de famille!

Hélas! le toit hospitalier où s'abritaient ses amours et ses affections profondes s'est effondré! L'herbe croit entre les pierres disjointes du foyer! Les murs croulent de toutes parts, le jardin est dévasté, les ronces et les épines seules y croissent, et la vieille charmille a été rasée!

Les vandales ont passé là! Ils ont violé le foyer domestique, profané le sanctuaire et renversé les berceaux!

A la place des enfants joyeux, de tous ces sourires et de toutes ces joies, nous trouvons un homme seul dans sa mansarde, le front dans sa main crispée, l'œil sombre, et méditant contre la société je ne sais quel projet sinistre.

Où donc es-tu, jeune femme au front serein, aux yeux timides et doux, à la démarche légère? Mère chrétienne, chaste épouse, à l'âme tendre et au cœur rempli des plus virginales pensées, où donc es-tu? Où donc es-tu, femme forte, dont parle l'Écriture, *plus précieuse que les perles qui viennent des extrémités du monde?*

Ah! si tu habitais ce sombre logis, au lieu de renfermer le désespoir et la haine, il serait rempli de joie et d'espérance. — Levée avant l'aurore, tu vaquerais aux occupations de la famille. Rien ne te rebuterait, et le devoir ennoblirait pour toi les travaux les plus vulgaires. Par ton exemple, tu ranimerais les courages et relèverais les cœurs abattus. Comme les rochers que la mer couvre en vain de son écume, tu saurais résister à toutes les tempêtes et tu conserverais ce calme et cette douceur inaltérable qui font braver tous les orages. Tu serais l'ange gardien de ce foyer, le sourire et la joie de cette maison et la grande consolatrice des cœurs ulcérés. Tu viendrais, les bras tendus, à cet homme irrité, aigri, désespéré; tu le conduirais près du berceau où dort son enfant, et posant sur son front tes mains légères, tu lui parlerais tout bas du ciel, et il serait consolé!

O famille! sainte union de deux âmes chrétiennes, fondues l'une dans l'autre, pensant, vivant et respirant ensemble, ayant les mêmes goûts, les mêmes aspirations, le même amour, la même foi, le même espoir, la même espérance! O chaste épouse, trésor de Dieu, amour, consolation et joie, aimable soutien, compagne fidèle, charme du foyer, méssagère d'espérance, ange gardien de la famille!

O famille, famille chrétienne, honneur des temps antiques, gardienne de notre foi, refuge assuré contre la tourmente de la vie, source pure des plus nobles sentiments, lac tranquille et des vents abrité, appui et secours de notre société ébranlée, pousse en nous des racines profondes, et que ces racines pénètrent jusque dans notre cœur et se nourrissent du sang de nos veines. Comme ces chênes robustes dont les branches remplissent les forêts vierges et couvrent les campagnes, que tes rameaux bénis croissent et se multiplient à l'infini. Vis dans nos âmes, fais-toi aimer et pénètre partout.

Puisses-tu faire renaître le patriotisme, rappeler les austères devoirs, répandre les vertus, rendre le vice odieux, régénérer les âmes et sauver notre France !

4° *Le culte de la patrie.*

Eux avoir le culte de la patrie ! eux aimer cette terre sacrée ! et comment le pourraient-ils, puisqu'ils veulent détruire la famille? Or, qu'est-ce donc que la patrie, si ce n'est la réunion en une seule de toutes les familles d'un même pays, ayant les mêmes goûts, les mêmes besoins, la même religion, la même origine?

Et c'est pendant que l'ennemi, et un ennemi implacable, foule encore notre territoire de son pied orgueilleux, qu'ils osent affirmer qu'il n'y a plus de patrie et que nous sommes les frères des Allemands et des Prussiens! Et cette image vivante, mais à l'heure qu'il est sanglante et mutilée, que nous portons tous dans notre cœur, serait à jamais détruite! Et une voix, la voix d'un Français, pourrait dire : Il n'y aura plus de France!

Qu'en pensez-vous, morts glorieux de Reischoffen, soldats de Gravelotte et de Patay, tombés pour la défense de la patrie? Vieux Charlemagne, qui as fait la France si grande et si forte? Et vous tous, preux chevaliers, rois illustres et guerriers sans nombre, qui avez versé votre sang pour votre pays? Et toi, vierge de Vaucouleurs, héroïne invincible, tu n'es qu'une femme, mais tu pourrais faire rougir ces rénégats.

Écoutez ce qu'un grand patriote, Silvio Pellico, a dit de la patrie :

« Toutes les affections qui unissent les hommes entre
« eux et les portent à la vertu sont nobles. Le cynique,
« si riche en sophismes contre tous les sentiments gé-
« néreux, exalte ordinairement la philanthropie pour
« abaisser la patrie. »

Il dit :

« Ma patrie, c'est le monde; le petit coin où je suis né
« n'a aucun droit à ma préférence; il ne peut donc sur-
« passer en mérite, à mes yeux, tant d'autres terres où
« l'on est aussi bien, ou mieux; l'amour de la patrie n'est
« autre chose qu'une espèce d'égoïsme adopté par une
« certaine classe d'hommes pour s'autoriser à haïr le
« reste de l'humanité. »

« Mon ami, ne soyez pas le jouet d'une aussi basse
« philosophie; son caractère est de dégrader l'homme,
« de nier ses vertus, d'appeler illusion, sottise ou per-

« versité, tout ce qui élève. Entasser de magnifiques
« paroles pour blâmer tous les nobles penchants, tout
« germe du bonheur social, est un art facile, mais bien
« méprisable. »

Et plus loin, le même auteur ajoute :

« Si un homme méprise les autels, la sainteté de la
« foi conjugale, la décence, la probité, et s'écrie : « Pa-
« trie! patrie! » n'ayez pas confiance en lui. C'est un
« hypocrite, un faux patriote; c'est un mauvais citoyen.

« Le seul bon patriote est l'homme vertueux, l'homme
« qui comprend et qui aime tous ses devoirs, et se
« fait une étude de les remplir. »

La patrie est donc une chose sacrée, une chose vivante pour quiconque a conservé un cœur humain et des
affections humaines. Et plus la patrie est abaissée et
malheureuse, et plus ses enfants doivent se serrer autour d'elle et l'aimer d'un amour ardent. Ils doivent lui
faire un rempart de leurs corps, accomplir les derniers
sacrifices et mourir, s'il le faut, pour elle.

Mais nous avons vu tout récemment le résultat des
funestes doctrines que nous signalons, et nous avons
assisté, frappés de stupeur, au plus lâche attentat
contre la patrie. Tandis qu'elle agonisait sous les pieds

du plus impitoyable vainqueur, nous avons vu s'élever dans les airs le drapeau rouge, signal de toutes les révoltes, de toutes les guerres civiles, de toutes les tueries et des crimes les plus atroces. Nous avons entendu proclamer la Commune, cette apparition sanglante des jours néfastes. Nous avons vu enfin Paris, la capitale du monde, devenu la proie et la caverne d'une armée de bandits et de voleurs, trébuchant dans les rues de la grande ville, ivres de sang et d'eau-de-vie, noirs de poudre, criant, jurant, sacrant, insultant les gens honnêtes, profanant les tombeaux, dévastant les églises et promenant partout le fer et l'incendie! Les lueurs de Paris brûlant sous le pétrole éclairent encore l'horizon, et les ruines sont encore là, fumantes, pour nous montrer jusqu'où peut aller la perversité et l'ineptie humaines!

5° *La dignité et l'honneur.*

Comment ceux qui ont été atteints par le mal auraient-ils pu conserver, au milieu d'un pareil naufrage, la dignité et l'honneur, ces biens précieux des âmes tranquilles et fortes? Les voix bénies de Dieu, du devoir et de la vertu sont bientôt étouffées par les cris de la colère et les clameurs du vice. Ce n'est pas impunément qu'on met le pied dans la boue, et l'âme une fois souillée ne peut retrouver sa première blancheur.

L'honneur sans la religion est un vain mot et devient une chose élastique qui se prête à toutes les circonstances. Et la dignité, c'est-à-dire ce qui relève un homme et le fait honorer et estimer, qu'il soit riche ou pauvre, humble ou puissant, la dignité, cette distinction suprême, ce cachet d'honnêteté et de bonté, cette marque supérieure qui fait reconnaître l'homme de bien, ne peut exister pour ceux qui se laissent aller au débordement de toutes les passions.

6° Ils l'ont enfin conduit à la mort et perdu sans retour.

Après avoir dégradé et corrompu le peuple, après lui avoir enlevé la foi, le goût du travail, l'amour de la famille, le culte de la patrie, la dignité et l'honneur, ils ont voulu achever leur œuvre et l'ont enfin conduit à la mort et perdu sans retour.

En France, l'idée est alerte et ne se tient pas longtemps dans le paisible domaine de la pensée.

Elle prend vite un corps, ouvre la fenêtre et descend dans la rue. C'est en vain qu'on voudrait l'arrêter. Sa logique est inexorable; l'impulsion est donnée, elle la suivra. Les obstacles l'irritent et les passions l'entraînent; elle pousse le cri de la révolte, saisit un fusil et court aux barricades.

C'est ainsi que le peuple, peu à peu perverti par les doctrines les plus dangereuses, prenant de vains rêves pour de brillantes réalités, égaré par ses passions, trompé par les apparences, excité et poussé en avant par des meneurs habiles à qui tous les moyens sont bons, se jette à corps perdu dans les plus tragiques aventures, frappe, tue, est tué, se bat et meurt, lâchement abandonné par ceux-là mêmes qui avaient juré de le sauver.

Voilà, en deux mots, l'histoire de toutes nos révolutions.

A des époques qui semblent de plus en plus rapprochées, on assiste, glacé d'horreur, à ces spectacles sanglants. Le canon gronde, la fusillade éclate, le sang coule à flots dans les rues, et on voit des Français se ruer contre des Français et s'égorger entre eux!

Voilà où sont amenés ceux qui écoutent ces prétendus

philosophes prêchant l'humanité, ces apôtres des revendications injustes, de la vengeance et de la haine, qui ne cherchent à faire les révolutions que pour en tirer profit, arriver aux places, aux honneurs et à la fortune, si le peuple est vainqueur. S'il est vaincu, ils l'abandonnent lâchement, et pendant qu'il se fait tuer ils se sauvent à l'étranger. Ils ont soin de se compromettre le moins possible, et quand la bataille est finie, quand l'ouragan de fer et de feu est passé, on les voit sortir je ne sais d'où, se poser en victimes et recommencer leurs manœuvres.

O peuple! quand donc ouvriras-tu tes yeux? Quand la vérité s'imposera-t-elle à toi? Quand auras-tu la perception claire et nette des malheurs qui te menacent et des dangers redoutables que tes ennemis te font courir? Quand reconnaîtras-tu que tu as été indignement trompé, poussé cruellement à ta perte par une main de fer, par des hommes sans âme et sans entrailles, qui se rient de tes malheurs et ne cherchent qu'une chose, satisfaire leurs passions et leur lâche égoïsme?

Qu'as-tu gagné à faire des révolutions? Après la bataille, après les coups de fusil, le meurtre, le sang et l'incendie, le travail a-t-il repris? Tes journées sont-elles mieux payées? Le commerce est-il plus actif et l'industrie plus florissante? — Et puis le souvenir de ces journées néfastes, de ces luttes ardentes et de tout ce sang répandu, ce souvenir douloureux ne vient-il pas parfois te troubler? Dors-tu tranquille, et la voix du remords ne se fait-elle pas, malgré tout, entendre?

Hélas! la réponse est facile : tu n'as rien gagné et tu as tout perdu!

IV

La Source et les Progrès du Mal.

Voilà le mal. Il est profond, redoutable et terrible. Il prend sa source dans la nature viciée de l'homme, dans le mépris du devoir, dans l'abandon de Dieu.

Que dire de ses progrès? Ils sont effrayants, et s'accusent à chaque instant avec une force nouvelle et une violence inconnues jusqu'à ce jour.

Nous sommes arrivés à une époque critique. Tout semble remis en doute, et la civilisation semble toucher à la barbarie.

Allons-nous donc reculer de dix-huit cents ans?

Comme autrefois, le veau d'or est adoré, et le dieu argent a remplacé les plus pures croyances!

Le luxe est en haut et en bas, l'égoïsme nous ronge, le doute s'est emparé des âmes et le matérialisme est triomphant!

L'indifférence règne, et la lassitude est dans les volontés.

Plus de foi! On ne veut plus, on ne peut plus croire, et on ne sait plus prier!

On n'ose même plus s'agenouiller devant la foule et s'avouer catholique en face des indifférents!

Le vice s'étale au grand soleil, sans honte et sans pudeur, et la vertu est délaissée!

Dieu semble s'être retiré de nous, et je ne sais quel souffle funeste a passé sur la France!

Dieu la frappe et elle ne veut pas s'humilier. Elle est accablée et ne veut pas se soumettre. La France de Clovis et de saint Louis est devenue le pays des philosophes railleurs, des sceptiques et des athées. Et voilà cent ans que cela dure, que nous cherchons notre voie, et que nous faisons des révolutions. Nous avons abandonné Dieu, et Dieu nous abandonne!

Oh! pauvre France, pauvre France, que deviendras-tu?

Des signes sont dans les airs, Dieu nous envoie des avertissements multipliés; il nous frappe pour nous réveiller, et nous ne nous réveillons pas! Dieu nous crie : Prenez garde! et nous n'entendons pas! Nous sommes dans la torpeur, un sommeil de plomb pèse sur nos yeux. La nuit nous environne, une nuit épaisse comme les ténèbres du tombeau. Autour de nous les bons deviennent plus rares, et les méchants sont plus audacieux que jamais !

Les peuples se laissent entraîner, comme de vils troupeaux, par des hommes sans foi, sans vertu et sans honneur, sortis des bas-fonds de la société, et capables — ils l'ont prouvé — des entreprises les plus audacieuses et des crimes les plus atroces.

Nous dormons sur un volcan, et il suffit d'une secousse pour nous engloutir et nous dévorer.

La Révolution, et la Révolution démocratique et sociale, — la pire de toutes les révolutions, — est à nos portes, ne le savez vous pas ! et menace chacun de nous dans sa sécurité, son repos, son bonheur. Comme le ver rongeur qui s'attaque au flanc du navire, elle a miné sourdement l'édifice social, elle l'a sapé dans ses bases, ébranlé de sa main de fer et le pousse à la ruine. Depuis plus de cent ans, elle bat en brèche l'Église qui lui opposait sa force sereine, et elle affaiblit tous les jours l'autorité, qui la tient encore sous le sabre du gendarme.

Comme le fleuve immense qui menace de déborder et

de jeter partout la terreur et la dévastation, la Révolution monte et monte toujours... Et nous, immobiles sur la rive, nous regardons avec stupeur le flot monter, et nous ne faisons rien pour nous préserver de la ruine.

La Révolution, c'est la plaie vive de notre époque, le danger présent, la menace de l'avenir. Toujours vaincue, mais jamais détruite, elle reste debout, plus menacante que jamais, puissamment organisée, aguerrie, disciplinée, et prête à se ruer sur tout ce qui tentera de lui résister.

V

La Lutte du Bien.

Jamais la nécessité de faire le bien, de s'unir, de s'organiser, de lutter contre le mal n'a donc été aussi pressante, aussi impérieuse, aussi nécessaire. Il faut enrayer sur la pente fatale, rompre avec des habitudes funestes, prendre des résolutions inébranlables, se cuirasser et s'armer pour le bon combat. L'indifférence n'est plus permise; il faut planter hardiment son drapeau, afficher nettement ses croyances, briser le respect humain et ne plus rougir d'être chrétien. Il faut prier; la prière est l'arme des forts.

Le mal déborde de toutes parts; il faut se hâter d'élever contre ses flots envahissants des digues solides, et bâtir dans les cœurs, et non sur le sable mouvant, des remparts que la main des hommes ne saurait renverser.

Quand la mer se retire, on découvre des bas-fonds et

des cloaques d'eau fangeuse qu'on ne soupçonnait même pas, et où s'agitent des insectes hideux et des monstres difformes. Il en est de même pour le mal. Quand les bas-fonds de la société sont mis à sec, on découvre aussi des cloaques infects tout remplis de fange, et où s'agitent aussi des bêtes immondes. Il faut remplir ces cloaques d'une eau claire et limpide, il faut porter là la régénération et la vie. Il faut ramener les âmes vers cette vallée ombreuse dont parle l'Évangile, près de la source transparente qui rafraîchit et purifie. Il faut éclairer les ténèbres, il faut porter la torche dans la nuit. Il faut persuader, il faut convaincre.

Il faut aussi se faire apôtre et prêcher.

A la coalition du mal, il faut opposer la coalition du bien.

A l'athéisme et au matérialisme, il faut opposer la religion et ses préceptes divins.

Le mal veut ébranler, il faut affermir; il veut abattre, il faut construire.

A la ruse, il faut opposer la droiture; à l'impureté, l'innocence; à la dissolution des mœurs, l'amour de la famille; à la mauvaise foi, la loyauté; à l'injustice, la justice; au mensonge, la vérité; à la dureté, l'indulgence; à la haine, le pardon; à l'abaissement, la dignité et l'honneur!

Il faut disputer au mal le terrain pied à pied, le prendre corps à corps, le combattre sans trève et sans repos, et le vaincre non par le mal, mais par le bien, qui seul peut et doit triompher.

Soyez humbles; laissez de côté la fierté, c'est une chose haïssable. Ne tirez point vanité de votre naissance, de votre fortune ou de vos talents, car nous sommes tous pétris du même argile et nous marchons tous d'un pas égal vers la tombe.

Soyez humbles; allez aux petits, allez aux malheureux, allez aux misérables. Mêlez-vous au peuple; pénétrez dans l'atelier, dans la mansarde, dans le pauvre logis, partout où vous pourrez faire un peu de bien, semer une bonne parole, laisser une espérance. A côté du mal, mettez le bien, et ne vous inquiétez pas de la reconnaissance.

Soyez simples et prudents. « Ayez, a dit le Sauveur, la simplicité de la colombe et la prudence du serpent. » Imitez le petit enfant, dont la parole, dénuée de tout artifice, sait pourtant plaire et toucher.

Ne cherchez point à vous élever au-dessus de votre

condition, ne courez point après la fortune. Suivez l'état de votre père, demeurez où Dieu vous a placé, mourez là où votre mère est morte!

Riches, restez aux champs, restez à la campagne. Que l'hiver votre château ne soit point désert, et que les malheureux, de loin, ne voient point les fenêtres fermées, mais qu'ils puissent entrer et réchauffer, près de l'âtre, leurs membres endoloris. Combattez les premiers cette tendance funeste qui emporte les hommes de la campagne vers la ville, et donnez les premiers l'exemple de l'attachement au sol natal et au clocher du village. Restez au milieu des populations qui vous connaissent, répandez autour de vous le bien, faites-vous estimer et aimer; Dieu ne vous demandera pas si vous avez été riches et puissants, mais si vous avez fait beaucoup de bien.

Et vous tous, qui que vous soyez, riches ou pauvres, travaillez, car le travail est le ressort de l'âme, tandis que l'oisiveté est la mère de tous les vices. Travaillez, car le travail est une loi divine : « *Tu gagneras ton pain à la sueur de ton front.* » Travaillez, si vous êtes pauvres, afin de soutenir votre famille, afin de rendre la vie plus douce à ceux que vous aimez; et si vous êtes riches, travaillez encore pour ceux qui souffrent, travaillez pour les malheureux,

Belles dames du monde, qui perdez dans vos fêtes un temps précieux, saisissez donc une aiguille et cousez plutôt de vos mains délicates de gros draps pour les pauvres. Le temps que vous emploierez ainsi vous sera compté, tandis que les heures de fêtes ne laissent après elles que tristesse et ennui, et sont à tout jamais perdues.

Mettre Dieu au sommet de toutes choses et rapporter tout à lui, voilà le dernier mot de la sagesse humaine.

Et vous, hommes d'ordre de tous les partis, qui voulez résister à la Révolution et ne pas vous laisser dévorer par elle, unissez-vous, sachez vous organiser. Ne perdez pas un temps précieux en discussions stériles : de l'action, de l'action! A la propagande du mal, opposez la propagande du bien; au mauvais livre le bon livre, au mauvais journal le bon journal. Fondez des associations, des cercles d'ouvriers, des patronages. Ne prêchez pas seulement au peuple la résignation chrétienne, la patience dans l'épreuve et le courage dans l'adversité; mais étudiez ses besoins, aidez-le, venez à son secours, soyez son conseil et son guide, et efforcez-vous de satisfaire ses besoins légitimes et de soulager ses misères réelles. Ne craignez pas de vous mêler aux ouvriers et de serrer leurs mains durcies par le travail. Dans le cœur du peuple existent des vertus naturelles et solides qui ne demandent qu'à être développées. Allez donc à lui sincèrement, loyalement, en ami, et vous verrez qu'il vous aimera et que vous lui ferez du bien. Ne vous laissez jamais rebuter ni par les difficultés de la tâche, ni par les dégoûts que vous pourrez éprouver, et rappelez-vous qu'une action incessante c'est la goutte d'eau qui tombe sur le rocher. Elle est bien petite, et le rocher est bien dur; néanmoins, la goutte d'eau finit par percer le rocher.

Écoutez, et surtout mettez en pratique ces paroles que le Souverain-Pontife adressait naguère au monde entier, et surtout aux partis si divisés en France :

« Je crie vers Dieu : *Quare fremuerunt gentes et po-*
« *puli meditati sunt inania?* Oh! la réponse qui vien-
« dra du ciel sera celle-ci : Il est certain que les peuples
« sont dans le frémissement et qu'ils vont aux men-
« songes, parce qu'ils ont abandonné la foi et la religion.

« Donc, que tous se mettent d'accord Que tous les
« cercles de charité s'unissent; qu'ils s'unissent, les
« cercles qui s'occupent de l'instruction catholique, ceux

« qui s'occupent de la sanctification des fêtes, ceux qui
« s'occupent de proscrire les mauvais livres; qu'ils mar-
« chent tous d'accord, et que tous ensemble ils combat-
« tent les combats du Seigneur, non pas avec l'épée, ou
« avec le canon, ou avec le fusil, mais avec la foi, avec
« le bras de la justice et avec la parole de la vérité. »

Donc, à l'œuvre tous, jeunes et vieux, hommes, femmes
et enfants. Le moment est critique; serrons nos rangs
et soutenons tous ensemble la grande lutte du bien
contre le mal, lutte aussi vieille que le monde, et qui se
poursuit à travers les siècles sans trève et sans repos,
et jusqu'au fond des cloîtres silencieux; mêlée ardente
où le plus faible peut lutter contre le plus fort et rem-
porter la victoire, où la prière est une arme et la foi un
bouclier; lutte généreuse digne d'exciter tous les courages et d'enflammer tous les cœurs; combat glorieux
qui a ses saints et ses martyrs, et dont un ciel est la
récompense.

Et quel but plus noble et plus beau? Faire le bien,
gagner les cœurs, racheter les âmes! Comment! vous
tremblez, vous doutez, vous restez dans l'indifférence!
Mais les anges invisibles vous protègent, et l'armée des
martyrs combat avec vous!

« *Hommes de peu de foi, pourquoi doutez-vous?* »
Le mal vous accable; mais le mal triomphera-t-il toujours et n'a-t-il pas déjà été vaincu?

Écoutez, écoutez!

Ils étaient douze, et ils ont bouleversé le monde.

Les idoles se tenaient orgueilleuses sur leur piédestal d'airain; ils ont renversé les idoles!

L'esclave était courbé sur sa chaîne, et ils ont dit : — Lève-toi, tu es libre!

Le pauvre était nu et sans abri; ils ont dit : — Viens avec nous, et tu seras riche! Tu es dépouillé des biens de la terre, mais ton cœur est un autel; mets-y notre Dieu, et le ciel habitera en toi!

Ils ont osé parler aux rois orgueilleux assis sur leurs trônes d'or et leur ont dit : — Si vous ne croyez pas et si vous n'adorez pas, vous êtes semblables au dernier des esclaves.

La femme marchait courbée sous je ne sais quel opprobre. Ils l'ont relevée et lui ont dit : — Tu n'es pas l'esclave, mais la compagne de l'homme. En toi il mettra sa force et sa joie, son repos et son honneur. Tu seras l'ange du foyer, la bénédiction de la famille; tu garderas intact le dépôt de la foi; tu joindras les mains de ton petit enfant, et tu en feras un chrétien, tu en feras un homme!

Et ils ont dit encore :

— Vous ferez le bien pour le mal.

Vous serez insultés, et vous ne répondrez pas.

Vous serez frappés, et vous souffrirez en silence.

On voudra vous faire renier votre foi, mais vous verserez plutôt votre sang et vous mourrez martyrs!

Et quels étaient ces hommes étonnants, ces grands génies, ces illustres philosophes qui enseignaient ces maximes étranges et nouvelles?

C'était douze pauvres pêcheurs. C'était Pierre, c'était Jacques, c'était Luc et Mathieu, et Jean le disciple bien-aimé, qui sentit reposer sur son cœur la tête du doux Maître.

Et ils se dispersèrent aux quatre coins de l'univers; et à leurs voix, le vieux monde tressaillit jusque dans ses fondements, les idoles chancelèrent sur leur base et les temples s'écroulèrent.

La religion du Christ était fondée.

Et c'est en vain que les apôtres auraient accompli ces grandes choses! C'est en vain qu'ils auraient dissipé les ténèbres de la barbarie, proclamé des vérités éternelles et enseigné une religion sublime ! C'est en vain que des légions de martyrs auraient versé leur sang ! C'est en vain que des mères auraient conduit elles-mêmes leurs fils au supplice ! que des femmes et des enfants se seraient laissé égorger, au lieu de renier leur foi ! Et tout le bien qui se fait dans le monde, toutes ces œuvres admirables, tous ces dévouements, tous ces sacrifices, toutes ces prières qui s'élèvent chaque jour vers le ciel, toutes ces souffrances courageusement supportées, et nos espérances les plus chères, et notre amour, et notre foi, tout cela serait anéanti ! tout cela serait brisé ! Tant d'héroïsme ! tant de vertu ! tant de pureté ! tant d'innocence ! tant de foi ! tant de preuves ! tant de miracles ! tout cela pour rien !... Et je serais le jouet d'un mensonge qui dure depuis dix-huit cents ans ! Les Livres Saints auraient menti ! Dieu n'est pas le créateur du monde, le hasard s'est chargé de cette œuvre ! Jésus un aventurier ! Les apôtres des imposteurs ! Les martyrs des fous ! La religion une duperie ! La vie future un leurre ! La mort le néant ! Allons donc ! Arrière, fourbes, imposteurs et maudits ! Moi je veux aimer, je veux prier, je veux combattre ! Je veux adorer le Dieu que mon père et ma mère ont adoré, et je veux que mes enfants l'adorent aussi! Je sais, je comprends, je vois, je crois, je suis chrétien!

Dieu est le roi et le maître du monde. Il commande aux flots et la tempête lui obéit. Le petit oiseau, caché dans les buissons, le remercie de lui avoir donné la vie, le chante et le bénit; l'homme seul, le roi de la création, ne veut pas reconnaître son maître et lui crie : *Non serviam!* je ne servirai pas! Non, non, après la mort, tout n'est pas fini; au contraire, tout commence. Nous n'avons pas été jetés inutilement sur la terre pour souffrir et mourir. A travers les difficultés de la vie, à travers les ronces et les rocs du chemin, au milieu des obscurités et des défaillances de notre esprit, nous marchons vers la clarté, vers la lumière, vers l'aurore, vers la vie ! Nous cherchons à mériter une récompense, et quelle récompense! Une récompense éternelle et qu'un Dieu seul pouvait nous donner.

La croix nous accompagne, cette croix de bois que les apôtres ont plantée partout et qui a illuminé le monde. Depuis dix-huit cents ans elle domine nos églises, et on la voit paraître partout où il y a une douleur à consoler, un peu de bien à faire, un cri d'amour, une espérance. Elle est fidèle et nous suit du berceau à la tombe.

L'orage, plus d'une fois, a éclaté autour d'elle, la tempête l'a couverte de ses éclairs, et l'ouragan a voulu l'emporter. Mais une main invisible la protège et une force invincible la retient. Ses racines sont en nous. Nos pères sont morts en la baisant, et leurs fils mourront ainsi!

O crux, ave!

Salut, ô croix! notre unique espérance! signe glorieux, symbole vénéré de notre foi! O croix! teinte du sang du juste, du sang des martyrs, du sang d'un Dieu! O croix du Golgotha, bouclier des forts, arbre de vie, trésor du pauvre, amie des vierges, espoir des chrétiens, nous voici à tes pieds! Nos mains sont étendues vers toi, nous te baisons avec respect, avec confiance, avec amour! Protège-nous, protège nos enfants, protège notre France, maintenant et toujours!

— FIN —

TABLE

—

9 782013 347273